Frühlingsbasteln

Endlich hält der Frühling wieder Einzug in die Natur. Höchste Zeit, um auch die Wohnung für Frühling und Ostern zu dekorieren! Mein Buch bietet vielfältige Anregungen, mit schönen Papieren zu basteln. Fröhliche Hasen, Hühner, Kühe, Marienkäfer, Blumenkinder und Gartenzwerge kommen hier in frühlingsfrischen Farben wie Hellgrün, Türkis, Orange und Gelb daher. Besonderen Pfiff verleihen die liebevollen Accessoires wie Blümchen und Herzchen. Ob Sie Wand- oder Fensterbilder, ein Türschild, Geschenkdosen, Tischdekorationen oder eine Lichterkette basteln wollen, mit diesem Buch liegen Sie richtig.

Einen wunderschönen Frühling und viel Spaß beim Basteln und Dekorieren!

Ihre

Pia Pedevilla

Die Motive lassen sich in folgende Schwierigkeitsgrade unterteilen:

● ○ ○ einfach ● ● ○ etwas schwieriger ● ● ● anspruchsvoll

IHRE GRUNDAUSSTATTUNG

Diese Materialien und Werkzeuge werden häufig verwendet. Sie sollten sie zur Hand haben, denn sie werden in den Materiallisten nicht gesondert aufgeführt.

- festes Transparentpapier (für Schablonen)
- feine Filzstifte in Rot und Schwarz (für Augen und Mund)
- Lackmalstift in Weiß (für Lichtpunkte)
- weicher Bleistift, Bleistiftspitzer, Radiergummi
- Alleskleber Kraft, Klebestift, Heißklebepistole, Holzleim, z.B. UHU
- mittelgroße, spitze Schere
- Nagelschere
- Cutter mit geeigneter Schneideunterlage
- Buntstifte und Filzstifte in allen Farben
- Nadel und Faden
- Zirkel oder Prickelnadel
- Schmirgelpapier, Messer
- Klebepads oder Abstandsband

Hinweis: Mit „Rest" ist immer ein Stück gemeint, das maximal A5 groß ist.

So wird's gemacht

1 Die Vorlage mit Bleistift auf ein festes Transparentpapier übertragen und ausschneiden.

2 Diese Schablone auf das Papier in der gewünschten Farbe auflegen, mit einem Bleistift umfahren und ausschneiden. Abgerundete Formen lassen sich leichter mit einer kleinen Nagelschere schneiden, gerade Schnitte gelingen am einfachsten mit einem Cutter. Dabei muss immer eine feste Unterlage verwendet werden und Kinder sollten damit nicht unbeaufsichtigt arbeiten.

3 Mithilfe des Vorlagenbogens die Einzelteile positionieren, zusammenkleben und zusätzlich dekorieren: zeichnen, beschriften, bemalen. Die Gesichtslinien mit Filzstift malen, die Wangen mit rotem Buntstift färben. Dazu mit Schmirgelpapier, einem Messer oder Bleistiftspitzer etwas Farbe von der Stiftspitze schaben und mit dem Zeigefinger verreiben. Die Ränder anderer Körperteile werden häufig auch so eingefärbt. In die schwarzen Augen und auf die roten Nasenpunkte wird mit weißem Lackstift häufig ein Lichtpunkt gesetzt.

Tipps & Tricks

- Dünne Drahtspiralen entstehen, indem man den Draht eng um ein Stäbchen wickelt und eventuell etwas auseinanderzieht.
- Die Löcher für den Aufhängefaden oder die Drahtspirale werden am einfachsten mit einer Zirkelspitze eingestochen. Für dickere Drahtstücke werden sie mit einem Holzschaschlikstäbchen etwas vergrößert.
- Streifen werden mit Filzstiften aufgemalt, farbige Punkte mit Lackstift oder Filzstift gesetzt.
- Fotokarton-Dessins, die wie Stoff aussehen, kann man ganz einfach selber machen. Vor dem Ausschneiden mit Buntstift ca. 1 cm breite Karos aufzeichnen und mit einer anderen Farbe dann Linien dazwischen ziehen.
- Einen plastischen Effekt erzielt man, wenn Teile mit Klebepads unterlegt werden wie z.B. Ärmel oder Kartonnase.

Hinweis: Wenn Kinder bei den Bastelarbeiten mithelfen, lassen Sie sie den Cutter nie allein benutzen. Auch die Heißklebepistole gehört nicht in Kinderhände.

Glückliche Hasenfamilie

→ Wand- oder Fensterbild

MOTIVHÖHE

ca. 36 cm

MATERIAL

- Fotokarton in Weiß, A4
- Fotokartonreste in Rot, Blau, Mittelblau, Hellbraun, Orange, Rosa, Grün, Violett und Türkis
- Fotokartonreste in Grün-Weiß gestreift und Grün mit weißem Spiralmuster
- Tonpapierrest in Hell- und Mittelblau (Blüten und Krause)
- Schleifenband in Blau-Weiß kariert, 1 cm breit, 15 cm lang
- Wattekarotte, 1,8 cm lang
- 2 Knöpfe in Rot, ø 1,2 cm
- Blumendraht in Braun, ø 0,35 mm, 20 cm lang
- Motivlocher: kleine Blume

VORLAGENBOGEN 1A

1 Die Hasengesichter aufzeichnen und das Herz als Nase aufsetzen. Der Hasendame einen Blütenkranz aufkleben, in den Blütenmitten ist ein weißer Lackstiftpunkt.

2 Das fertige Köpfchen des Hasenvaters auf das gestreifte Hemd kleben, darüber die blaue Latzhose. Die Hosenumschläge mit Buntstiften dekorieren (vgl. Seite 3) und aufsetzen, die Schuhe an der Rückseite ankleben. Die Hände hinter die Ärmel kleben.

3 Beide Knöpfe befestigen und ein rotes Herz an einem Stück Blumendraht fixieren. Das Karoband lose um den Hals schlingen.

4 Das Köpfchen von Frau Hase auf die Halskrause setzen und diese auf dem Kleid fixieren. Die Punkte mit Lackstift aufmalen. Hände und Beine an der Rückseite fixieren und auf die weißgepunkteten Socken mit rotem Filzstift Spitze und Ferse malen. Die Kleidtasche nur am Rand ankleben und Hasenkind und Wattekarotte dort einstecken.

5 Das Flechtmuster des Eierkorbes mit weißem Buntstift aufzeichnen und die bunten Eier mit weißem Lichtpunkt dahinter festkleben. Jeweils einen Henkel in der Hand von Herrn und Frau Hase fixieren.

Vogelhäuser

→ Willkommensgruß und Osterstraußschmuck

MOTIVHÖHE
Türschild ca. 29 cm
Hänger ca. 6 cm

MATERIAL TÜRSCHILD

- Fotokarton in Gelb, A4
- Fotokartonreste in Orange, Grün und Weiß
- Tonkartonreste in Gelb-Weiß kariert und Weiß mit grünen Streifen
- Holzwäscheklammer, 0,7 cm x 4,5 cm
- Blumendraht in Braun, ø 0,35 mm, 10 cm lang

HÄNGER

- Fotokartonreste in Gelb, Grün und Hellblau
- Tonpapierrest in Türkis
- Wellpapperest in Gelb
- Blumendraht in Braun, ø 0,35 mm, 50 cm lang
- Motivlocher: Blume

VORLAGENBOGEN 1A

Türschild

1 Aus dem Häuschenteil und der großen Blüte mit einer spitzen Nagelschere jeweils das Loch ausschneiden und die Blüte aufkleben. Die Punkte aufmalen, Dachstreifen und Basis anbringen.

2 Schnabel und Flügel an den Vogelkörper kleben. Die Wäscheklammer mit dem Kartonstreifen verkleiden, das Vögelchen aufsetzen und die Klammer am Häuschen fixieren. Das farbig unterlegte Schild mit beliebiger Aufschrift einklammern.

3 Das Herz an Blumendraht hängen, diesen durch die Basis stechen und dahinter eindrehen.

Hänger

1 Aus dem Hausstreifen mit dem Motivlocher die Blume ausstanzen und den Streifen zusammenkleben. Auf dem Dach die Punkte auftragen, dann das Dach zum Kegel einrollen und fixieren. In die Spitze einen spiralförmig eingerollten Blumendraht einschieben und mit Heißkleber fixieren. Das Dach mit Heißkleber auf das Haus aufsetzen.

2 Das kleine Vögelchen wird an einem Stück Blumendraht am unteren Rand angeklebt und mit dem herumgeklebten Wellpappestreifen zusätzlich fixiert.

WILLKOMMEN

Kleine Gärtnerin

→ Fensterbild

MOTIVHÖHE
ca. 30 cm

MATERIAL
- Fotokarton in Hellblau, A4
- Fotokartonreste in Blau, Rot, Schwarz, Weiß, Hellgrün und Hautfarbe
- Wellpapperest in Schwarz
- Satinband in Hellblau, 5 mm breit, 2 x 15 cm lang
- Aludraht in Blau, ø 1 mm, 50 cm lang
- 3 Holzwäscheklammern, 0,7 cm x 4,5 cm
- 3 Holzstreuteile „Blüte“, ø 1 cm

VORLAGENBOGEN 1B

1 Die einzelnen Teile der Gießkanne ausschneiden, dekorieren, positionieren und zusammenkleben. Das Röckchen von der Rückseite anbringen, den roten Kragen auf der Vorderseite.

2 Die Innenlinien auf das Gesicht zeichnen. Das Haarteil aufsetzen und beidseitig kleine Satinschleifen ankleben, an der Rückseite einen Kringel aus Wellpappe fixieren. Dazu einen schmalen Streifen Wellpappe mit waagrechtem Rillenverlauf eng um ein Schaschlikstäbchen wickeln und kurz festhalten. Das fertige Köpfchen auf den Kragen kleben und die Arme anbringen.

3 Die Strümpfe mit roten Streifen bemalen, hinter den Rock kleben und dann auf die Schuhe setzen.

4 Die Wäscheklammern mit einem Kartonstreifen überkleben, die grüne Wellenlinie mit Filzstift ziehen und eine Holzblüte aufsetzen. Die Klammern aufkleben oder seitlich festklammern. Sie halten kleine Notizzettel.

5 Den Aludraht um ein Stäbchen wickeln und die Spirale nach Belieben in Form ziehen. Den Anfang durch Gießkanne und Henkel stecken, eindrehen und die Gärtnerin mit dieser Schlaufe aufhängen.

Lustige Tischgenossen

→ **Blumenstecker und Eierbecher**

MOTIVHÖHE
Troll ca. 14 cm
(Kopf mit Mütze)
Eierbecher ca. 9 cm

MATERIAL TROLL
- Plastikei
- Fotokartonrest in Hautfarbe und Rot
- Filzrest in Hellblau
- Acrylfarbe in Haut
- 3 Bastfäden in Hellgrün
- 3 Schaschlikstäbchen
- Holzstreuteil: Blüte, ø 1 cm

HÄSCHEN
- Plastikei oder hartgekochtes Ei
- Fotokartonrest in Gelb
- Wellpapperest in Gelb
- 3 Bastfäden in Hellgrün

BLÜTE
- Plastikei oder hartgekochtes Ei
- Fotokartonrest in Hellblau
- Wellpapperest in Weiß
- Acrylfarbe in Gelb
- 3 Bastfäden in Hellgrün

VORLAGENBOGEN 2B

Troll

1 Ein Schaschlikstäbchen in das Plastikei stecken, dieses hautfarben bemalen, den roten Nasenkreis und beidseitig die spitzen Ohren aus Karton mittels schmaler Falzstreifen aufkleben. Die restlichen Innenlinien aufzeichnen.

2 Das Filzstück um das Köpfchen kleben, spitz zulaufend einrollen und schließen.

3 Die Bastfäden um das Stäbchen knüpfen und zu Schleifen binden.

4 Jedes Händchen an ein Stäbchen kleben, an einer Hand zusätzlich die Holzblüte befestigen, die Stäbchen auf die gewünschte Länge kürzen und neben dem Köpfchen einstecken.

Häschen

1 Den Wellpappering zusammenkleben und die Bastfäden darumknüpfen. Das Ei einsetzen.

2 Den Innenkreis aus dem Hasenköpfchen entfernen, die Augen aufzeichnen und die Wangen röten.

3 Die Figur etwas schräg mit der Öffnung über das Ei schieben, evtl. ankleben, und auf dem Ei mit Filzstift das Näschen aufzeichnen.

Blüte

1 Den Wellpappering zusammenkleben und die Bastfäden darumknüpfen. Das gelb bemalte Ei aufsetzen.

2 Den Innenkreis mit einer gebogenen Nagelschere aus der Blüte entfernen und diese über das Ei schieben.

Tipp: Setzen Sie das Ei mit dem runderen Teil in den Eierbecher und drehen Sie seine Spitze leicht nach vorne, dann sitzt der Aufsatz besonders hübsch darauf.

Frühlings-lichter

→ Windlichter und Lichterkette

MOTIVHÖHE
Lichterkette ca. 8 cm
Windlichter ca. 9 cm

MATERIAL LICHTERKETTE (je Käfer)

- Lichterkette in Weiß mit mindestens 10 Lämpchen
- Transparentpapier, extra stark, in Rot, A5
- Fotokartonrest in Weiß
- 2 Pompons in Gelb, ø 1 cm
- Aludraht in Schwarz, ø 1 mm, 2 x 8 cm lang

WINDLICHTER (je Glas)

- Glas, ca. 9 cm hoch
- Transparentpapier extra stark in Gelb, A4
- Transparentpapierrest in Weiß
- 2 Pompons in Rot, ø 1 cm
- Aludraht in Schwarz, ø 1 mm, 2 x 8 cm lang
- Teelicht

VORLAGENBOGEN 1B

Lichterkette

1 Den Körper aus dem Transparentpapier schneiden und die Punkte mit Filzstift aufzeichnen. Die Form jeweils um ein Lämpchen der Kette führen, die Ränder leicht übereinanderschieben und zusammenkleben.

2 Das Gesichtchen aufzeichnen. Beide Aludrahtstücke um ein Stäbchen wickeln, die Spiralen auseinanderziehen, einen Pompon an je ein Ende kleben und die Fühler an der Rückseite fixieren. Das fertige Köpfchen mit Heißkleber am Lichtkörper aufsetzen.

Windlichter

1 Das Transparentpapier in Umfang und Höhe des Glases zuschneiden. Streifen oder Punkte mit Filzstift aufmalen, das Papier um das Glas legen und zusammenkleben. Ein Teelicht einsetzen.

2 Das Käfergesichtchen fertigen (siehe Lichterkette). An der Rückseite zusätzlich zwei Flügel aus Transparentpapier mit aufgemalten weißen Punkten ankleben und das fertige Köpfchen mit Heißkleber an der Glasumkleidung fixieren.

Knuffige Trolle

→ Wand- oder Fensterbild

MOTIVHÖHE
ca. 15 cm bzw. 19 cm

MATERIAL
- Fotokartonreste in Grün, Hellgrün, Türkis, Hellblau und Hautfarbe
- Fotokartonrest in Hellgrün mit weißen Spiralen
- Tonpapierreste in Türkis (Halskrausen) und Helltürkis (Mädchenkleid)
- Transparentpapierreste in Hellgrün und Hellblau
- Wellpapperest in Hellgrün
- Papierdraht in Hellgrün, ø 2 mm, 4 x 5 cm lang
- Märchenwolle in Hellblau
- Papierrose in Weiß, ø 1,5 cm

VORLAGENBOGEN 1B

1 Auf den jeweiligen Grundkörper das bunte Kleidchen kleben, den Blütensaum dabei frei lassen und die einzelnen Blätter leicht nach oben biegen. Die Krause aus Tonpapier aufsetzen und auch deren Blätter leicht nach oben wölben.

2 Die Gesichtchen gestalten und auf die Halskrause setzen. Den Hut des Buben an der Rückseite ankleben und dahinter einen Wellpappekringel. Dafür einen schmalen Streifen Wellpappe mit waagrechtem Rillenverlauf eng um ein Stäbchen wickeln und kurz festhalten.

3 Beim Mädchen die Haare aus Märchenwolle aufkleben und das Krönchen sowie die Papierrose darauf fixieren.

4 Die Händchen hinter die Ärmel schieben und festkleben. Die Papierdrahtbeine an der Rückseite aufsetzen und die jeweiligen Schuhe daran fixieren.

5 Die bunten Flügel aus Transparentpapier werden an der Körperrückseite angebracht.

Österliche Boten

→ Tischdekoration

MOTIVHÖHE
Hase ca. 9 cm
Karte ca. 11 cm

MATERIAL KARTE
- Fotokarton in Weiß, A4
- Fotokartonreste in Hellrosa, Rosa und Hellgrün
- kleine Kunststoffmargerite

SERVIETTENRING
- Fotokartonreste in Weiß, Rosa und Hellgrün
- Chenilledraht in Weiß, ø 6 mm, 3 cm lang
- Pompon in Rosa, ø 1 cm
- kleine Kunststoffmargerite
- Satinband in Hellgrün, 6 mm breit, 25 cm lang

TEELICHT
- Tonpapierreste in Weiß und Hellgrün
- Teelicht

VORLAGEN-BOGEN 1B

Karte

1 Die Karte mittig falten und die Vorderseite hellgrün überkleben. Das pinkfarbene Schildchen auf rosa Fotokarton kleben, mit einem schmal überstehenden Rand ausschneiden und beschriften.

2 Die Hasenpfoten ungefähr bis zur Mitte auf die Karte kleben, das Schild darüber befestigen und die losen Pfotenteile nach unten biegen. Das Hasenköpfchen gestalten, aufkleben und mit der kleinen Margerite dekorieren.

Teelicht

Die 18 Blütenblätter rundum am Teelichtrand fixieren und diesen dann mit einem hellgrünen Papierstreifen ummanteln. Die Blütenspitzen leicht nach außen biegen.

Tipp: Die Farben der einzelnen Teile können beliebig verändert werden. Sie können an die Grundfarben der Tischwäsche angepasst werden. Links sehen Sie eine Farbvariante.

Serviettenring

1 Das fertige Köpfchen mit dem Hals aus Chenilledraht in die Faltkante des Doppelkörpers einkleben.

2 Das rosa Schild hellgrün unterlegen, mit einem schmalen Rand ausschneiden, beschriften und aufkleben. Dekomargerite und rosa Pompon aufsetzen.

FROHE
OSTERN
ASTRID

Da lachen ja die Hühner!

→ Türschild oder Fensterbild

MOTIVHÖHE
ca. 21 cm (Huhn)

MATERIAL
- Fotokarton in Weiß, A4
- Fotokartonrest in Rot
- Fotokartonreste in Rot mit weißem Rosenmuster, Rot-Weiß kariert und Rot-Weiß gestreift
- Chenilledraht in Weiß, ø 6 mm, 3 cm lang
- Aludraht in Schwarz, ø 1 mm, 1 x 40 cm, 2 x 10 cm lang
- Motivlocher: kleine Blume

VORLAGEN-BOGEN 2A

1 Den Schnabel aufkleben, die Augen aufzeichnen und die Wangen röten. Den Kamm mit aufgemalten weißen Punkten einschneiden, aufschieben und an der Rückseite ankleben. Über den Hals aus Chenilledraht das Köpfchen mit dem Körper verbinden.

2 Das Rosenhemdchen auf den weißen Grundkörper kleben, darüber den karierten Kragen. Die gestreiften Füße fixieren. An der Rückseite die Flügel anbringen und durch streichende Bewegungen etwas nach vorne wölben.

3 Das zweiteilige Schild zuschneiden und beschriften. Dann die zwei kurzen Drahtstücke kräuseln, durch die Flügel des Huhns stechen, am Schild einstecken und verdrehen.

4 Den Draht für die Blütengirlande kräuseln und an den Flügelspitzen befestigen. Mit gelochten Blüten bekleben. Das Huhn mit farblich passendem Band aufhängen.

Tipp: Das Köpfchen kann als Dekoration an ein Paket gehängt werden, mit einer Kordel ein Säckchen zusammenhalten oder an einem Schaschlikstäbchen zum Blumenstecker werden.

FROHE
OSTERN

Lustiges Tierleben

→ Sitzfigur und Blumenstecker

MOTIVHÖHE
Kuh ca. 21 cm
Schäfchen ca. 8 cm (Kopf)

MATERIAL
KUH

- Fotokarton in Gelb, A5
- Fotokartonreste in Pink, Schwarz, Weiß, Gelb, Hellblau, Grün und Rosa
- Pompon in Rot, ø 7 mm
- Aludraht in Schwarz, ø 1 mm, 6 cm lang

SCHÄFCHEN

- Fotokartonrest in Hautfarbe
- Fotokartonrest in Weiß mit Spiralmuster
- Schleifenband in Grün-Weiß kariert, 1 cm breit, 15 cm lang
- Schaschlikstäbchen

VORLAGENBOGEN 2A

Kuh

1 Das rosa Maul und die schwarze Stirnwolle auf die weiße Kopfform kleben. Die Gesichtslinien aufzeichnen. Den Aludraht durch ein vorgestochenes Loch in der Mundlinie stecken, die Blüte aufkleben und den Pompon in die Mitte setzen. Das Halsstück an der Kopf-Rückseite fixieren.

2 Die Punkte auf das Hemd setzen und dieses auf die dekorierte Hose kleben. Den Schal aufsetzen und einen schmalen Schlitz in die aufgezeichnete Linie schneiden, dort den Hals einstecken und an der Rückseite festkleben.

3 Die blauen Armstreifen aufmalen und die Ärmel an das Hemd kleben, die Beine hinter der Hose befestigen. Alle vier Hufe aufsetzen.

4 Die Form für den Blumenkasten aus Fotokarton schneiden, die Kanten sauber umbiegen, an den angeschnittenen Falzstreifen zusammenkleben und mit der Rückseite an der Hose fixieren.

Schäfchen

1 Die Gesichtslinien aufzeichnen, Wangen und Ohrränder leicht röten. Das Stirnwolleteil aufsetzen und das fertige Köpfchen am Stäbchen fixieren.

2 Das Band zu einer Schleife knüpfen und mit Heißkleber am Stäbchen anbringen.

Gänschen und Blümchen

→ Fensterkette

Blume

Den gelben Mittelkreis mit Punkten bemalen, auf die Blütenform kleben und an deren Rückseite einen Wellpappekringel ankleben. Dafür einen schmalen Streifen Wellpappe mit waagrecht verlaufenden Rillen eng um ein Schaschlikstäbchen wickeln und kurz festhalten.

Rose

1 Die Rose ausschneiden und die Innenlinien mit Filzstift aufzeichnen.

2 Auf der Rückseite die Blätter festkleben.

Gans

1 Den Schnabel aufkleben, die Innenlinien aufzeichnen, das Karoband umknüpfen und an der Kopfrückseite die beiden schmalen Kartonstreifen fixieren.

2 Die Motive für die Schnur doppelt arbeiten und den langen Aufhängefaden jeweils dazwischen einkleben oder die einzelnen Figuren so auffädeln, dass der Faden an der Rückseite hochgezogen wird. So können die einzelnen Teile etwas verschoben werden. Die Länge der Kette ist beliebig.

Tipp: An einem Schaschlikstäbchen werden die Motive zu hübschen Blumensteckern.

MOTIVHÖHE

Blumen ca. 6 cm
Gänschen ca. 8 cm

MATERIAL JE BLUME

- Fotokartonreste in Gelb und Hellblau
- Wellpapperest in Weiß

JE ROSE

- Fotokartonreste in Weiß und Hellblau

JE GANS

- Tonkartonreste in Weiß und Gelb
- Schleifenband in Blau-Weiß kariert, 5 mm breit, 10 cm lang

BLÄTTER

- Fotokartonreste in Blau und Türkis

VORLAGENBOGEN 1B

Kleiner Gartenzwerg

→ **Fensterbild**

MOTIVHÖHE
ca. 24 cm

MATERIAL
- Fotokartonreste in Grün, Schwarz, Gelb, Hellblau, Hautfarbe, Rot und Weiß
- Tonpapierreste in Gold und Violett
- Formfilzreste in Weiß und Blau
- Papierdraht in Gelb, ø 1,5 mm, 3 x 2 cm lang
- Holzstreuteil: Marienkäfer
- kleiner Holzrechen, ca. 15 cm lang, Eimer, ca. 5 cm hoch

VORLAGENBOGEN 2B

1 Auf das hautfarbene Gesicht die Innenlinien zeichnen. Den Hut aus Formfilz auf die gepunktete Jacke kleben, dann das Gesicht auf den Hut kleben, darüber den Bart und beide Schnurrbartteile aus Formfilz. Zum Schluss den Nasenpunkt aufsetzen.

2 Den Gürtel anbringen und die goldene Schließe aufsetzen. Die gemusterten Hosenteile (vgl. Seite 3) an der Jackenrückseite befestigen und dahinter die Schuhe. Die Hand hinter den Ärmel kleben und dort eventuell einen kleinen Zink- oder Holzeimer fixieren. Den Marienkäfer aufsetzen und den kleinen Holzrechen an der Rückseite befestigen.

3 Die Teile des Schmetterlings dekorieren und das bemalte Köpfchen mithilfe eines kurzen, angeklebten Papierdrahtstückes mit dem Körper verbinden. Die Flügel beidseitig ankleben. Zwei Fühler aus Papierdraht hinter dem Köpfchen fixieren.

Jetzt aber los!

→ **Wand- oder Fensterbild**

MOTIVHÖHE
ca. 24 cm

MATERIAL

- Fotokarton in Weiß, A4
- Fotokartonreste in Gelb, Orange, Rosa, Hellblau, Hellbraun, Türkis, Helltürkis
- Fotokartonrest in Türkis-Weiß kariert
- Tonpapierreste in Rot und Mittelblau
- Paketschnur, 4 cm lang

VORLAGEN-BOGEN 2A

1 Alle Einzelteile ausschneiden, einige an den Rändern leicht schattieren und die Punkte mit Filz- oder weißem Lackstift aufsetzen.

2 Von der Rückseite des Hennenkörpers die Füße und den Schnabel, von vorne Kamm und Kehllappen aufkleben. Über die Klebestelle das Auge mit Lichtpunkt in der Pupille setzen.

3 Die Hose auf dem Hennenkörper fixieren, darüber das Hemd mit aufgesetzten Punkten und dem karierten Ärmel. Hinter- und Vorderpfote darunter einschieben und ankleben.

4 Die Enden des Schals aus Tonpapier fransig schneiden, die eingezeichnete Mittellinie so einschneiden, dass der Hals durchgeschoben werden kann.

5 Das Hasenköpfchen gestalten, die Ohren mit weißem Buntstift stark schraffieren. Den Kopf durch den Schlitz im Schal stecken und gemeinsam mit diesem auf dem Körper fixieren. Mit der Zirkelspitze vor den Ohren ein Loch einstechen und die Paketschnur einknüpfen.

Viel Spaß an Ostern!

→ Türschild oder Fensterschmuck und Tischdeko

MOTIVHÖHE
Hase ca. 29 cm
Huhn ca. 12 cm

MATERIAL
HASE
- Fotokarton in Gelb, A4
- Fotokartonrest in Pink
- Formfilzrest in Blau und Orange
- Filzrest in Hellblau, Grün und Hellgrün
- Schleifenband in Blau-Weiß kariert, 1 cm breit, 12 cm lang
- 4 Wattekarotten, 3 cm lang
- 2 Knöpfe in Hellblau, ø 1,2 cm
- Blumendraht in Braun, ø 0,35 mm, 1 m lang

HUHN
- ausgeblasenes Ei
- Fotokartonreste in Gelb und Rot
- Wellpapperest in Blau
- Wattekugel, ø 3 cm
- 2 Dekofedern in Weiß
- Blumendraht in Braun, ø 0,35 mm, 30 cm lang

VORLAGENBOGEN 2B

Hase

1 Das Hasenköpfchen fertigen: die Gesichtslinien aufzeichnen, den Nasenpunkt aufkleben und die Wangen sowie die Ohrränder leicht röten. Den Kopf an der Körperrückseite ankleben.

2 Die Latzhose aus Formfilz schneiden und aufkleben, die Knöpfe aufsetzen und die Filztasche nur am Rand ankleben. Die Stiche mit weißem Lackstift andeuten. Hosenbeine, Arme und Beine an der Rückseite anbringen. Das Schleifenband um den Hals knoten.

3 Drei Karotten aus Formfilz schneiden, das Krautteil fransig einschneiden, einrollen und mit Blumendraht umwickeln. An die Filzkarotten kleben und diese in die aufgesetzte Tasche stecken.

4 Den gekräuselten Blumendraht durch die Hasenpfoten stechen und seine Enden eindrehen. Die Wattekarotten an etwas Blumendraht knüpfen und am Aufhängedraht einhängen.

Huhn

1 Den roten Kamm und einen Teil des doppelten Schnabels auf die Wattekugel kleben, die Augenpunkte aufzeichnen und die Wangen röten.

2 30 cm Blumendraht doppelt nehmen, um ein Schaschlikstäbchen wickeln und die so erhaltene Spirale als Hals in das Kükenköpfchen einstecken.

3 Die leere Eierschale auf den zusammengeklebten Wellpappering setzen, beidseitig eine Dekofeder ankleben und mit Kressesamen oder Gras füllen. Das Köpfchen einstecken.

Herzlichst!

→ Geschenke für Muttertag und mehr

MOTIVHÖHE
Anhänger ca. 15 cm bzw. 25 cm

MATERIAL ANHÄNGER
- Fotokartonreste in Orange, Rot, Pink, Hellrosa und Weiß
- Tonpapierreste in Rot, Pink und Rosa
- 3 Holzperlen, ø 8 mm, 1 x in Violett, 1 x in Rot und 1 x in Rosa
- Holzwäscheklammer, 0,7 cm x 4,5 cm
- Blumendraht in Braun, 0,35 mm, 1 m lang

SCHACHTELN
- Pappmachédose, oval, 12 cm breit, oder Herzform, 8 cm lang
- Fotokartonrest in Pink
- Tonpapierreste in Rot und Violett
- Acrylfarbe in Violett und Pink

VORLAGENBOGEN 2B

Anhänger

1 Die Herzform dekorieren: Punkte aufsetzen, die Blüte aus Tonpapier ankleben und eine halbierte Holzperle in ihre Mitte setzen. Holzperlen können mit dem Cutter oder einer Schere leicht halbiert werden.

2 Den Blumendraht einhängen, die Löcher dazu mit einer Zirkelspitze einstechen. Für die Spiralen den Draht um ein Stäbchen wickeln und in Form ziehen. Die Holzperlen einfädeln und auf einem geraden Drahtstück die Blüten und Herzen aus Tonpapier aufkleben.

3 Die kleine Wäscheklammer an der Rückseite des einen Herzens anbringen. Diese hält das beschriftete Schildchen, das zuerst auf einen roten Karton aufgeklebt und mit schmalem Rand ausgeschnitten wird.

Schachteln

Die Basis und den Dosendeckel in verschiedenen Farben bemalen. Die Dekorationspunkte aufsetzen und die Blüte samt einer mittig fixierten Holzperle befestigen. Die Blüte eventuell noch mit einem Kartonherzen unterlegen.

FÜR ♥ MAMI

MOTIVHÖHE
Huhn ca. 12 cm
Hase ca. 15 cm

MATERIAL

- 2 runde Pappmachédosen in Weiß, ø 9 cm
- Fotokartonreste in Hellviolett, Pink, Weiß und Orange
- Fotokartonrest in Gelb mit Spiralmuster
- Schleifenband in Grün-Weiß und Gelb-Weiß kariert, je 50 cm lang
- Pompon in Blau, ø 1 cm

VORLAGEN-BOGEN 1A

Für dich, mein Häschen

→ **Geschenkdosen**

Abbildung auch Seite 1

1 Die Dosendeckel mit dem Hasen- bzw. Hühnergesicht überkleben. Damit das Köpfchen der Henne genau die Größe der Dose hat, den Deckel auf den Karton auflegen, umfahren und ausschneiden. Die Gesichtslinien aufzeichnen und die Wangen röten.

2 Beim Huhn den Schnabel ankleben. Den Kamm mit Filzstiftpunkten dekorieren, einschneiden und mit dem schmalen Falzstreifen am Deckelrand ankleben.

3 Dem Häschen die Nase aufkleben und die Blüte mit dem mittig aufgesetzten Pompon befestigen.

4 Das Karoband um den Dosendeckel legen und zu einer Schleife binden. In der Dose wird eine kleine Überraschung versteckt.

Die Autorin

Pia Pedevilla lebt in Bruneck (Südtirol). Sie studierte Kunst in Gröden und Werbegrafik in Urbino. Seit Jahren ist sie im Bereich der Illustration und des Designs für Kinder tätig, entwirft Holz- und Stoffspielzeug, didaktische Spiele für Kinder im Vorschulalter, Lichtobjekte und Teppiche. Viele Jahre hat sie an der Grundschule mit Kindern gebastelt und gemalt. Heute leitet sie Fortbildungskurse für Lehrer, interessierte Erwachsene und Kinder. Im frechverlag hat sie mehrere Bücher über verschiedene Arbeitstechniken veröffentlicht.

Mehr erfahren Sie unter www.piapedevilla.com

DIESES BUCH ENTHÄLT 2 VORLAGENBOGEN

IMPRESSUM

FOTOS: frechverlag GmbH, 70499 Stuttgart; Fotostudio Ullrich & Co., Renningen
TEXT: Traudi Prenn
DRUCK: frechdruck GmbH, 70499 Stuttgart

Auflage: 5. 4. 3. 2. 1.
Jahr: 2008 2007 2006 2005 2004 [Letzte Zahlen maßgebend]

ISBN 3-7724-3325-1
Best.-Nr. 3325